생선 아카데미

인간론 ❿

하나님의 도움이 필요한 인간

목 차

프롤로그

생활 속 선교, 이것은 지난 2000여년간 기독교 공동체가 세상을 향해 꾸준히 던졌던 메시지입니다. 수많은 믿음의 선조들이 하나님을 아는 지식을 바탕으로 자신이 속한 가정과 일터에서 그 믿음을 지키는 삶을 살았습니다. 그들을 통해 가정이 바뀌고 일터 문화가 바뀌고 힘들었던 세상은 더 나은 세상으로 바뀌었습니다.

하나님은 우리 인간의 모든 영역에 관심을 갖고 계십니다. 생활 선교사는 각자 생활의 영역에서 하나님 사랑, 이웃 사랑을 실천하며 선교적 삶을 살아가는 사람입니다. 생활 선교사가 되기 위해서는 훈련이 필요합니다. 삶의 모든 영역에서 선교사의 역할을 감당하려면 성부, 성자, 성령 하나님은 어떤 분이신지, 우리는 어디로부터 와서 어디로 가는지, 인간의 창조와 타락과 구원의 과정은 어떠한지 이러한 다양한 주제에 대해 정리가 되어 있어야 합니다. 세상은 계속해서 우리를 속이려 하기 때문에 우리는 더욱 배우기를 힘써야 합니다.

> 악한 사람들과 속이는 자들은 더욱 악하여져서 속이기도 하고 속기도 하나니 그러나 너는 배우고 확신한 일에 거하라 너는 네가 누구에게서 배운 것을 알며 또 어려서부터 성경을 알았나니 성경은 능히 너로 하여금 그리스도 예수 안에 있는 믿음으로 말미암아 구원에 이르는 지혜가 있게 하느니라 딤후 3:13~15

생활 선교사를 줄여서 생선이라 표현하고 이분들을 훈련하는 아카데미를 개설했습니다. 온라인 방송은 세계 각 지역의 한인 디아스포라에게 생선 아카데미를 전파할 수 있는 좋은 수단이 되었습니다. 미국, 일본, 중국, 홍콩, 미얀마, 인도, 태국 등 다양한 나라에서 다양한 삶의 환경에 있는 분들과 함께 소통할 수 있었습니다. 이러한 강의 내용을 다 듣고 핵심을 정리하여 각각의 주제를 명확하게 이해할 수 있도록 소책자 형식으로 발간했습니다.

『하나님의 도움이 필요한 인간』은 인간론 시리즈 중 열 번째로 출간되었습니다. 인간은 하나님의 도움 없이는 한시도 살아갈 수 없습니다. 우리 스스로 절대적 약자임을 인정하고 하나님 앞에 겸손하게 그리고 담대하게 나아갈 때 은혜의 보좌에서 흘러나오는 축복을 누릴 수 있습니다.

생선 아카데미에 발을 들이신 독자 여러분 모두가 성경을 배우고 구원에 이르는 지혜를 깨달아 생활 선교사로서 각자 삶의 영역에서 복음을 전파하시길 소망합니다.

박진석 목사

● 생선 아카데미 3대 목표

1. 하나님의 권능, 지혜, 성품의 도움을 받아 세상 권세를 이긴다.

2. 생활 선교사로서 온전한 사랑과 믿음과 지식을 구비한다.

3. 배우고 깨달은 바를 적용하고 실천해서 삶의 실제적인 열매를
   맺는다.

1장 / 완전한 하나님과 연약한 인간

삼위일체의 신비 속에 공존하는 창조 세계

성도는 하나님의 도움을 받아야 합니다. 혹시 "하나님 도와주세요"라고 기도해보셨습니까? 초신 자의 경우는 구하지 않아도 하나님의 적극적인 도 우심을 경험하는 사례들이 있습니다. 작은 읊조림 에도 도움을 주시는 하나님을 경험하기도 하며 이 를 하나님의 응답처럼 느끼기도 합니다. 하지만 믿 음이 장성한 자는 기도를 하면서 하나님의 침묵 속에서 오히려 더 깊은 고난과 좌절을 경험하기도 합니다.

세상의 삶은 늘 도움을 구하는 삶입니다. 사람은 누군가의 도움을 필요로 합니다. 특별히 죄인된 성도는 세상 속에서 하나님의 도우심을 필연적으로 구하게 되어 있습니다. 하나님의 도움을 효과적으로 받을 수 있는 진리들은 성경에 명확하게 나타나 있습니다. 우리는 세상 속에서 수많은 도움을 받으며 '덕분에'라는 삶의 빚을 지고 살아갑니다. 하나님께서 창조 세계를 삼위일체의 방식으로 공존하도록 신비롭게 창조하셨습니다. 스스로 계신 엘로힘 하나님께서는 삼위일체의 신비 속에 이 세상을 창조하셨습니다. 하나님은 이 세상을 피조물들끼리 서로 돕는 가운데 하나님의 뜻과 사랑과 생명을 충만히 누리고 맛보도록 설계하셨습니다.

삼위일체 하나님의 교리는 신앙적 또는 신학적으로 간단한 일은 아닙니다. 삼위일체 하나님은 한 분이시며 동시에 세 분을 뜻합니다. 이를 좀 더 자

세히 설명하자면 성부, 성자, 성령 하나님께서는 각각 동일한 본질의 위격이자 독립적 개체로 구분되지만, 동시에 세 분 하나님은 하나로 연합하여 유일무이한 삼위일체 하나님 한 분이 되기도 합니다. 따라서 삼위일체는 '신비'라고 할 수 있습니다. 이러한 삼위일체의 교리는 431년 에베소 공의회에서 삼위일체 하나님에 대한 논쟁과 예수의 완전한 인성 그리고 완전한 신성에 대한 교리를 수면 위에 등장시켰습니다. 이후 20년 뒤 451년 칼케톤 공의회에서 예수의 기독론 교리와 삼위일체 교리가 확정되었습니다. 결과적으로 이 삼위일체의 교리는 성경을 바르게 해석하는 신학적 기준이 되었습니다.

431년 에베소, 451년 칼케톤 공의회 당시 시대적 배경은 로마 중심 체제였습니다. 로마는 그리스 헬라의 영향을 받아 다신교를 믿었으며 이 때문에 그리스 철학과 신화는 기독교 사상에도 큰 영향을 미쳤습니다. 그리스의 아데미 여신 등 우상숭배의 영향은 로마 전역에 펼쳐져 있었고, 특별히 고린도와 에베소에는 아데미 신상의 우상과 신전이 팽배해 있었음을 성경을 통해 확인할 수 있습니다. 로마로 넘어온 우상의 영향은 '다이아나'라는 명칭을 새롭게 얻기도 하였고 다른 이름으로는 마돈나, 위대한 어머니, 귀부인이라는 뜻으로도 널리 퍼졌습니다. 이러한 풍요와 영화의 상징으로 알려진 이 우상숭배의 영향은 당시 사회 속에서도 세상의 풍요와 번성이라는 세속의 물결을 조장하였으며 이는 오늘 우리 현대 사회에서도 심각한 영향을 미치고 있습니다.

사람이 이 땅에 태어났을 때 옛 뱀에게 유혹을 받았습니다. 옛 뱀의 별명은 세상 임금, 풍요의 신, 큰 용, 온 천하를 미혹하는 자, 사탄이라고 합니다. 바울은 옛 뱀의 역사를 에베소에서 말했던 것처럼 이 세상의 통치자들과 권세들과 이 어둠의 세상 주관자라고 말합니다. 이런 옛 뱀의 미혹은 계속해서 믿는 자들을 유혹하고 있습니다. 믿는 자들이 세상 어둠의 권세에 영혼을 팔면 부귀와 영화는 누릴 수

하나님의 도움이 필요한 인간 / 인간론 10

있지만 믿음의 부요함은 빼앗길 수밖에 없으며, 믿음의 고난을 능히 통과한 다윗과 다니엘 같은 사람이 되기는 어려워집니다. 더 나아가 믿음의 가난뱅이가 될 수 있습니다. 하나님께서는 우리가 하나님의 능력의 도우심을 받아서 영적인 전투에서 승리하기를 원하십니다. 세상은 날로 어두워져 가고 있으며, 이때 믿는 성도들에게 필요한 것은 예수 그리스도의 표상인 욥의 신앙입니다. 인내로 맞서 싸워야 합니다. 그리하면 하늘의 영광뿐만 아니라 이 땅에서 주시는 갑절의 은혜도 경험하게 됩니다.

그러나 인간은 원수 마귀, 세상 임금에게 유혹당했기 때문에 연약함과 비참함을 경험할 때가 많습니다. 특히 초신자 때 하나님의 도우심을 경험하면 앞으로의 모든 일이 승승장구하리라 기대하게 됩니다. 하지만 여기에는 매우 큰 위험이 숨어 있습니다. 그 위험의 대상은 그리 멀리 있지 않습니다. 바로 나 자신입니다. 여기서 말하는 위험은 자신의 가장 큰 연약함, 예를 들면 십일조의 문제 또는 건강의 문제 등을 말합니다. 마귀는 우리의 연약함을 미혹하여 넘어지게 만듭니다. 특별히 청년의 때에는 세상의 정욕에 빠져 사탄이 주는 유혹에서 빠져나오기 매우 어려운 시기입니다. 설사 청년의 때 이런 유혹을 벗어났다 하더라도 결혼을 하고 자녀를 양육하다 보면 세상과 타협하게 됩니다. 신앙이 속수무책으로 무너지는 것을 경험하게 됩니다. "선 줄로 생각하는 자는 넘어질까 조심하라"라는 고린도전서 말씀처럼, 특별히 혈기왕성한 청년들은 이 시기를 무척이나 조심할 필요가 있습니다. 그러나 신앙의 원리를 바로 알 때 신앙의 상황은 역전의 기적을 경험하게 되는 것입니다.

하나님의 도움

하나님에게 죄인의 인생은 어떻게 보일까요? 그것은 바로 나그네, 노예, 종과 같은 모습일 겁니다.

이들은 상대적 약자로서 도움이 필연적입니다. 따라서 하나님의 도움을 받기 위해서는 도움을 받는 원리를 파악해야 합니다. 하나님의 도움을 받기 위해서는 먼저 우리가 도움을 받아야 하는 절대적인 약자라는 사실, 곧 우리의 고아된 모습을 인정해야 합니다. 우리 안에 하나님 편에서 절대적인 도움을 받아야 하는 겸손의 모습이 형성되도록 기도합시다. 우리가 고아와 과부가 가지는 절대적 결핍을 스스로 인정할 때 비로소 도움을 주는 대상을 인정할 수 있게 됩니다.

> 그의 거룩한 처소에 계신 하나님은 고아의 아버지시며 과부의 재판장이시라 시 68:5

세상 육신의 아버지는 완전하지 않으며 때로는 심한 상처를 주기도 합니다. 그러나 하나님 아버지는 절대 상처를 주시는 분이 아닙니다. 하나님을 깊이 만날 때 세상에서의 원통함과 비참함 같은 경험이 완전하게 치유될 수 있습니다. 따라서 성도의 삶에는 불평과 불만이 믿음과 상충할 수 없습니다.

내가 너희를 고아와 같이 버려두지 아니하고 너희에게로 오리라 요 14:18

오히려 예수님께서는 자신의 자녀들을 고아처럼 버려두지 않으시고 다시 오신다고 말씀하셨습니다. 그러므로 우리는 뜨거운 사랑 속에서 다시 오실 재림의 주님을 기다리는 인내를 가져야 합니다. 인내 속에서 하나님을 향한 사랑은 이제, 머리로만 이해하는 단순한 지적인 차원의 영역이 아니라 심장 깊은 곳에 다다르는 영적인 차원의 영역에서 받아들여야 합니다. 성도의 역할은 주님을 향한 그 사랑을 가지고 인내 가운데 재림의 주님을 기다리며 사랑의 씨앗을 세상 속에 뿌리는 일입니다. 반드시 뿌린 것은 열매를 맺습니다.

하나님 아버지 앞에서 정결하고 더러움이 없는 경건은 곧 고아와 과부를 그 환난 중에 돌보고 또 자기를 지켜 세속에 물들지 아니하는 그것이니라 약 1:27

다른 한편으로 하나님께서 인정하시는 경건은 자기 외에 환란 중에 빠진 고아와 과부를 돌보는 것이라고 말씀하십니다. 우리는 사람들에게 실제적인 필요를 지원해야 합니다. 그리고 영적인 의미에서의 어려움에 빠진 성도들에게도 찾아가 위로와 격려를 지원해야 합니다. 이것이 바로 하나님 나라를 향해 나아가는 성도들의 올바른 투자가 됩니다. 투자의 결실을 보기 위해서는 영적 분별력이 필요합니다. 영적 분별은 자신이 영적 고아와 과부라는 사실을 인정하게 만들며 동시에 다른 이들의 형편과 사정을 살피도록 만들기 때문입니다.

사랑하는 자들아 거류민과 나그네 같은 너희를 권하
누니 영혼을 거슬러 싸우는 육체의 정욕을 제어하라

벧전 2:11

베드로전서에서는 성도가 거류민과 나그네라고 설명합니다. 성도들의 본향은 저 하늘입니다. 성도는 이 땅에서 나그네와 같은 신분으로 살아가며 만물이 하나님에게서 나오는 것임을 믿습니다. 그러므로 나그네와 같은 성도는 본향인 천국을 사모하면서 살아갑니다. 성도는 이 땅에서 하나님께서 주신 축복을 누립니다. 그러나 진짜 축복은 그것에 집착하는 삶이 아니라 오히려 그것을 이웃에게 더 나누며 살아가는 것입니다. 가진 것을 누리고 나누고 하나님을 뜨겁게 사랑할 때 더 큰 하나님의 역사를 경험할 수 있습니다. 이는 곧 무명한 자 같아도 유명한 자가 되는 것과 같은 원리입니다.

사람은 가장 높은 곳에 계신 하나님의 도움을 받아야 합니다. 도움도 도와줄 것이 있어야 할 수 있는 일입니다. 강대국이 약소국에 원조를 주는 것처럼 말입니다. 그러나 원조도 동기와 출처가 불명확할 때 변질되고 타락하여 자기 영광을 추구하게 만듭니다. 이웃에게 물질을 원조하는 것도 본질상 썩어질 것입니다. 때로는 원조하지만 예상했던 결과와 다르게 분쟁과 갈등을 겪기도 합니다. 따라서 성도는 믿음의 부를 추구하고 그 내적 동기를 원조할 수 있어야 합니다. 신랑 되신 주님만으로 자족할 수 있는 믿음의 부요함을 날마다 배웁시다.

핵심과 나눔(Key points & Sharing points)

K1. 고린도와 에베소 교회에 있었던 우상 신의 이름은 무엇이었습니까?

_____

_____

K2. 하나님의 도움을 받기 위해서 내가 먼저 인정해야 할 부분은 무엇입니까?

_____

_____

S1. 하나님의 도우심을 체험한 경험이 있다면 나눠 봅시다.

_____

_____

S2. 환란 중에 있는 자에 대한 실제적인 필요 혹은 영적인 의미에서 어려움에 빠진 성도들을 위로하거나 지원한 경험이 있다면 나눠 봅시다.

_____

_____

_____

2장 / 하나님의 도움이 필요한 인간

삶의 등기 이전

하나님의 도움을 받는 방법은 간단합니다. 자기 심장을 주님께 드리면 됩니다. 이 세상에서 부자 청년과 같은 헛된 희망을 버리고 우리의 전부를 주님께 드리는 것이 필요합니다. 다만 마음을 주님께 온전히 드릴 때 천국에 대한 소망 때문에 이 땅에서의 삶을 허무한 것으로 착각하는 위험성에 노출될 수도 있습니다. 변화산에서 제자들이 하늘의 영광을 보았으므로 산 아래로 내려가기를 주저했던 것처럼 말입니다. 입신과 같은 영적체험을 신앙생활의 전부로 착각하여 세상에 대한 기대를 저버리는 것을 주님은 원하시지 않습니다. 그리스도인들은 이 땅에서의 삶을 허무한 세월로 무가치하게 보내지 않아야 합니다. 오히려 관점을 달리하여 육체의 남은 고난을 달게 마시며 주님의 십자가를 지고 삶에 그리스도의 향기를 풍기는 복된 삶이 되어야합니다.

왜 우리는 하나님께 예배를 드릴까요? 예배의 본질은 초월적인 존재로부터 죄와 사망의 저주를 끊고 복과 도움을 받으려는 것입니다. 따라서 우리는 예배와 제사를 온 마음을 다하여 신령과 진정으로 드려야 합니다. 오히려 우리의 몸을 산 제물로 바쳐 하나님의 기쁨이 되도록 해야 합니다. 그때 바로 하늘로부터 오는 지혜와 능력과 도움이 우리 삶에 이루어지게 됩니다. 모든 성도의 삶은 하나님의 은혜 덕분에 유지될 수 있습니다. 따라서 성도는 하나님이 계시는 하늘 보좌까지 나아가야 합니다. 이러한 종교적 예식이 바로 제사이자 예배입니다. 하나님은 사람을 제물로 바치는 인신 제사를 원하시는 분이 아니십니다. 하나님은 우리의 마음을 받기 원하십니다. 우리의 마음이 담긴 제사를 원하십니다. 우리의 생명과 그 밖의 모든 것은 하나님의 것입니다. 우리의 삶을 주님께 등기 이전할 때 우리의 삶이 거룩하다고 인정 받을 수 있습니다. 우리의 헌금 생활도 마음이 담겨야 합니다. 마음이 담기지 않은 헌금은 혹여 하더라도 하나님이 기뻐하지 않으십니다. 우리는 헌금도 직분도 섬김도 동일 선상에서 이해해야 합니다.

처녀마다 차례대로 아하수에로 왕에게 나아가기 전에 여자에 대하여 정한 규례대로 열두 달 동안을 행하되 여섯 달은 몰약 기름을 쓰고 여섯 달은 향품과 여자에게 쓰는 다른 물품을 써서 몸을 정결하게 하는 기한을 마치며 처녀가 왕에게 나아갈 때에는 그가 구하는 것

을 다 주어 후궁에서 왕궁으로 가지고 가게 하고

에 2:12-13

바벨론 포로 시대 바벨론의 왕이었던 아하수에로가 잔치를 열었습니다. 온 천하를 집권하던 절대권력은 아하수에로 왕이었지만 영적인 의미에서 만왕의 왕은 바벨론의 왕이 아니라 예수님입니다. 본문에 나오는 처녀들은 지금 그리스도를 따르는 자들입니다. 이는 그리스도를 믿는 성도들은 영적으로 처녀이자 후궁임을 나타내고 있습니다. 그러나 믿는 성도들의 목표는 처녀로 끝나는 것이 아니라 그리스도의 신부로 왕비가 되는 것입니다. 믿는 성도들에게는 하나님의 마음을 빼앗을 만큼 아름다워지려는 노력이 필요합니다.

에스더서에서는 열두 달 동안을 처녀가 만왕의 왕 예수님에게 나아가기 전에 준비하는 모습을 보여주고 있습니다. 여섯 달은 몰약 기름과 향품을 바릅니다. 먼저 몰약 기름은 성령의 향기를 나타내는 기름을 의미합니다. 이 기름은 갈라디아서 5장의 성령의 아홉 가지 열매들에서 짜낸 것들입니다. 성령의 열매를 맺는 사람은 성령의 기름을 짜내기 위한 눈물의 과정들을 거쳐야만 합니다. 그래야만 성령의 기름을 통해 풍성한 열매를 맺을 수 있습니다. 이와 마찬가지로 여섯 달 동안 처녀들은 향품을 바릅니다. 우리는 평소 "당신은 그리스도의 향기"라고 표현하기도 합니다. 모든 사람에게는 향기가 있습니다. 그러나 믿는 성도들에게는 인위적인 향기가 아닌 그리스도의 본성과 마음을 닮은 향기가 나도록 해야 합니다.

열두 달 동안 기름과 향품을 발라 왕 앞에 나아가는 처녀와 같이 오늘 믿는 성도들도 그리스도의 신부로 준비되어야 합니다. 그렇게 준비된 처녀가 왕 앞에 나아갈 때 신부가 무엇을 구하든 왕은 그것을 신부에게 주게 되어 있습니다. 여기서 준다는 것은 바로 '도움'을 의미합니다. 에스더서에서는 수많은 처녀 중에서 에스더가 왕비로 간택을 받는 장

면이 나옵니다. 에스더는 이스라엘 여인, 즉 이방
여인이었지만 그녀는 하나님의 도우심과 계획 안
에 왕비로 세워지게 됩니다. 그러나 에스더가 왕비
로 간택을 받은 후에도 마귀의 미혹은 그치지 않았
습니다. 이를 통해서 하나님은 우리에게 계시를 해
주십니다. 이와 같이 하나님의 처녀된 하나님의 백
성들을 마귀는 반드시 미혹하려고 온갖 술수를 동
원합니다. 마귀의 온갖 유혹에 사람은 넘어지고 좌
절하여 그 자리에 주저앉기도 합니다. 그러나 에스
더는 어떻게 합니까? 왕에게 담대히 나아가는 선택
을 합니다.

주를 위하여 다 버린 자

　이와 같은 방식으로 하나님의 마음을 훔쳤던 신
부가 바로 솔로몬이었습니다. 솔로몬은 일천번제
로 하나님께 드렸습니다. 그때 마음의 중심을 본

하나님께서는 그에게 원하는 소원이 무엇이든 다 들어주시겠다고 말씀하셨습니다. 그러나 그는 자신의 필요와 정욕대로 구하지 않았습니다. 오히려 그는 인간적인 계산이 아닌 하나님의 지혜를 구했습니다. 그 순간 하나님은 모든 것을 솔로몬에게 맡기고 싶으셨을 것입니다. 헛되고 헛된 것들을 구하는 것이 아니라 진정으로 구해야 할 것을 구해야 합니다.

> 제삼일에 에스더가 왕후의 예복을 입고 왕궁 안 뜰 곧 어전 맞은편에 서니 왕이 어전에서 전 문을 대하여 왕좌에 앉았다가 왕후 에스더가 뜰에 선 것을 본즉 매우 사랑스러우므로 손에 잡았던 금 규를 그에게 내미니 에스더가 가까이 가서 금 규 끝을 만진지라 왕이 이르되 왕후 에스더여 그대의 소원이 무엇이며 요구가 무엇이냐 나라의 절반이라도 그대에게 주겠노라 하니
>
> 에 5:1–3

에스더와 같이 왕의 마음을 빼앗을 수 있는 지혜를 구해야 합니다. 그때 에스더는 왕으로부터 나라의 반이라도 기꺼이 받을 수 있는 상황에 놓이게 되었습니다.

요한복음 15장 7절 말씀은 우리가 도움을 못 받는 이유가 무엇인지 알려줍니다.

> 너희가 내 안에 거하고 내 말이 너희 안에 거하면 무엇이든지 원하는 대로 구하라 그리하면 이루리라
>
> 요 15:7

에스더와 같이 왕의 마음을 훔치고자 하는 열정이 없기 때문입니다. 에스더와 같은 사람이 극소수라는 뜻입니다. 마음을 다하며 목숨을 다하며 뜻을 다하며 힘을 다하는 성도도 일시적인 열정에 끝나버리는 경우가 더러 있습니다. 현실 앞에 주저앉아버리는 경우가 있습니다. 그러나 일시적인 순간을 넘어서 평생을 에스더와 같이 나아간다면 승리의

삶을 살아갈 수 있습니다.

　이러한 승리의 삶을 살았던 사람이 바로 아브라함입니다. 아브라함은 모리아 산에서 이삭을 바치기 위해 자신의 생명을 온전히 내어드렸습니다. 그 결과 여호와 이레, 요한계시록 5장에 나오는 죽임 당한 어린양 안에 있는 부와 존귀와 영광과 모든 것을 받을 수 있었습니다. 주를 위하여 다 버린 자에게 더하여 주시는 축복과 천국에서의 영생을 누리는 은혜를 경험하게 되는 것입니다. 이러한 원리들을 파악할 때 성도의 평생의 삶은 육신의 정욕과 세상의 원망으로부터 자유롭게 됩니다. 믿는 자를 물어뜯는 사탄은 그때부터 먹을 양식을 잃게 되고 악한 영들의 굶주림이 시작되는 것입니다.

핵심과 나눔(Key points & Sharing points)

K1. 예배의 본질은 무엇인가요?
_____
_____
_____
_____

K2. 우리가 하나님의 도움을 받지 못하는 이유는 무엇인가요?
_____
_____
_____

S1. 마음을 담은 헌금 생활을 하고 있는지 자신을 돌이켜 봅시다.
_____
_____
_____

S2. 하나님 앞에 일시적인 열정을 내다가 지치거나 식어버린 경험이
　　있다면 나누어 봅시다.
_____
_____
_____

3장 / 하늘로부터 오는 도움

하나님과 화목한 자가 누리는 권세

모세가 급히 땅에 엎드려 경배하며 출 34:8

　모세가 왜 땅에 엎드려 경배했을까요? 하나님의 영광을 대면했기 때문입니다. 오늘날 하나님 앞에 강퍅한 마음으로 서 있는 자들이 많습니다. 성도가 겸손하게 은혜의 보좌로 나아가는 것이 바로 하나님의 도움을 받는 참 예배의 비밀입니다.

하나님은 마음의 중심을 불꽃같은 눈으로 살펴보십니다. 주님의 종들은 불꽃같은 눈으로 지켜보시는 하나님의 시험을 통과해야 합니다. 그 시험을 견디는 과정에서 신부는 늘 주님을 인내하며 기다려야 합니다.

신앙 생활을 하다가 어느 순간 하나님의 도움이 없다고 느끼거나 하나님이 무능하다고 느끼는 이유, 혹은 하나님이 나를 사랑하지 않는다고 느끼는 이유가 무엇일까요? 그것은 하나님의 뜻을 헤아리지 못하고 그분과 화목하지 않기 때문입니다. 때로는 성도가 구하는 것이 헛된 것일 수도 있습니다. 따라서 우리의 기도는 다음과 같이 변화되어야 합니다. "예수 그리스도, 만왕의 왕이시여, 이제 아무것도 바라지 않습니다. 저는 오직 왕의 사랑과 은총을 원합니다."

아하수에로 왕 앞에 나아갔던 에스더처럼 왕의 은총으로 만족할 수 있다고 고백했던 그런 믿음이 필요합니다. 입술로는 주님으로 만족한다고 말하지만 속은 그렇지 않은 경우가 허다합니다. 그러나 주님으로 만족하면 하나님에 대한 오해와 불만이 사라지고 마음의 눈이 밝아지면서 세상의 가치가 아닌 하나님 나라를 향한 진정한 나그네의 삶이 열리기 시작합니다. 그때부터 천국 소망이 현실이 되기 시작되는 것입니다.

마태복음 4장에 보면 사탄, 마귀, 세상의 임금이 예수님을 시험하는 장면이 나옵니다. 사탄은 예수님을 가장 높은 꼭대기에 세워 높은 권력과 보좌의 자리에서 천하를 줄 것을 제안했습니다. 그러나 예수님은 사탄의 미혹에 엎드려 절하지 않았습니다. 사탄은 예수님이 만왕의 왕이라는 것을 알고 있었지만, 과연 예수님께서 십자가에 못 박힐 정도로 죄인을 사랑할 것인가의 의문이 있었습니다. 그러나 사탄의 기대와는 달리 예수님은 십자가에서 세상을 향한 자신의 사랑을 드러내셨고 죄와 사망의 권세를 짓밟아 버렸으며 주 하나님만을 경배하고 그분만을 섬기셨습니다. 예수님의 십자가 죽음과

부활은 세상 임금과 죄와 사망 권세의 파괴를 의미합니다.

성도에게도 세상에서 감당하고 이겨내며 다스려야 하는 지경이 있습니다. 누군가에는 가족, 다른 누군가에게는 민족과 열방이 될 수 있습니다. 그곳에 하나님의 통치가 임하도록 간구해야 합니다. 그러나 사탄은 그것을 가만히 두고 보지 않습니다. 그러나 이런 사탄의 미혹 속에서도 그리스도를 믿는 믿음으로 담대하게 나아가면 세상의 권세가 깨어지고 만왕의 왕 예수님의 영토가 확장될 수 있습니다.

물질계 위에 군림하는 사탄의 권세는 하나님의 권세 아래 있습니다. 가장 높은 하늘 보좌 위에 있는 하나님께 자신의 인생을 드리고 세상의 썩어질 권세를 구하지 않는다면 우리 성도의 소원을 하나님께서는 이루시고 도와주십니다. 성도는 하나님의 뜻을 구해야 합니다. 만약 스스로가 인생의 왕이 되어 주님과의 교제를 멀리하거나 중단한다면

이는 심각한 문제를 초래할 수 있습니다. 따라서 성도는 주님과의 교제를 치열하게 이루어나가야 합니다. 누가복음에 등장하는 안나는 84세 과부였지만 주님과의 신비한 교제를 누렸던 사람입니다. 이 안나도 다윗 못지않은 하늘 영광의 영원한 터를 상속 받았을 것입니다. 이처럼 인생의 모든 원통함을 단번에 역전하는 축복이 있어야 합니다.

모든 한계를 초월하는 하나님의 도움

가장 높은 하늘 보좌에 계시는 하나님께 상소하는 것이 중요합니다. 복음서에서 원통한 과부가 불의한 재판장에게 나아가는 장면이 나옵니다. 과부는 자신의 원통함을 재판장에게 호소하지만, 그 결과는 상당히 불의한 재판이 됩니다. 이처럼 불의한 재판장이자 공중 권세 잡은 자인 사탄은 성도의 기도가 하늘 보좌까지 닿지 못하도록 중간에서 가로

채는 역할을 합니다. 믿는 자들의 고백이 하나님의
뜻에 합하여 주의 나라와 주의 의를 구할 때 공중
의 권세 잡은 어두운 현실을 뚫을 수 있습니다. 하
나님은 응답을 해주시다가 갑자기 침묵하실 때가
있습니다. 그것은 성도가 그리스도의 형상과 성품
을 닮도록 하기 위한 일입니다. 하나님은 믿는 자
들이 고난 속에서 낙심치 아니하고 주의 뜻을 구하
기를 원하십니다.

따라서 구하고 찾고 포기하지 않는 과정에서 의
로우신 재판장의 마음과 뜻을 헤아리는 것이 필요
합니다. 과부는 그래서 어떻게 기도합니까? "인간
으로서 할 수 있는 노력은 다했습니다. 이제는 내
가 하는 것이 아니라 의로우신 재판장께서 역사하
실 것을 믿습니다." 재판장의 뜻대로 이루어지기
를 원한다는 자기 항복, 자신의 모든 주도권을 내
려놓는 믿음의 도전이 필요한 것입니다. 그때 주
님의 도움이 시작됩니다. 이 응답의 신비를 깨닫
는 자가 축복받은 자입니다. 이러한 믿음을 가질

때 우리를 원통하게 만드는 그 어려움이 해결되기 시작합니다.

> 하나님께서 구하시는 제사는 상한 심령이라 하나님이
> 여 상하고 통회하는 마음을 주께서 멸시하지 아니하
> 시리이다 시 51:17

하나님이 구하시는 제사는 심장을 깨어서 드리는 제사입니다. 하나님께서는 이 제사를 부인하지 않으십니다. 진실한 회개는 회개의 합당한 열매, 즉 평강과 기쁨의 열매를 맺습니다. 경건의 능력과 하늘로부터의 도움이 있어야 가능한 일입니다. 같은 원리로 하나님께서는 예배를 드릴 때 단순히 성막, 뜰, 번제단에서 제사를 지내는 것으로 만족하지 않으십니다. 우리는 성소를 넘어서 지성소까지 깊이 들어가는 은혜를 구해야 합니다.

그러므로 우리는 긍휼하심을 받고 때를 따라 돕는 은
혜를 얻기 위하여 은혜의 보좌 앞에 담대히 나아갈 것
이니라 히 4:16

우리는 만왕의 왕, 의로우신 재판장의 긍휼함을
받고, 때를 따라 돕는 은혜를 받을 수 있습니다. 믿
는 성도가 나가는 곳은 심판의 보좌가 아니라 "은
혜의 보좌"입니다. 성도는 은혜의 보좌로 담대하게
나아갈 수 있는 축복과 은혜를 받았습니다. 한국
교회는 세속의 물결 속에서 더 힘든 어려운 시기를
겪게 될 것입니다. 이 어려움의 시기에 하나님으로
부터 도움을 받기 위해서는 지성소까지 나아가는
은혜가 있어야 합니다. 어린아이와 같이 하나님께
조르는 기도를 내려놓고 이제는 하나님의 영에 인
도함을 받아 장성한 자의 기도를 드려야 할 때입니
다. 주의 나라와 그분의 통치를 구해야 할 때입니
다. 그때 이전과는 다른 하늘의 문이 열리면서 사
탄, 마귀가 주는 미혹으로부터 과감하게 벗어날 수

있습니다. 하나님의 평안과 기쁨이 우리 마음 안에 부어지기 시작하는 것입니다. 요한삼서 2절 말씀은 다음과 같이 말씀하십니다.

> 사랑하는 자여 네 영혼이 잘됨 같이 네가 범사에 잘되고 강건하기를 내가 간구하노라 요삼 1:2

"네가 범사에 잘되는 역사"가 일어나게 됩니다. 인생의 이런 혁명은 우리의 삶을 안주하지 못하게 만듭니다. 이 생명의 역사는 나와 가족, 내 이웃에게 전달됩니다. 이는 회개의 불을 넘어선 영광의 불을 들고 뛰게 만드는 역사입니다. 히브리서 말씀처럼 때를 따라 돕는 은혜의 비밀을 깨닫고 만왕의 왕이요 온 천하의 주재이신 하나님의 마음을 헤아려 그리스도의 신부로 준비될 수 있기를 축복이 필요합니다. 그때 가장 높은 하늘로부터 도움이 우리에게 임할 것입니다.

핵심과 나눔(Key points & Sharing points)

K1. 하나님께서 응답을 해주시다가 갑자기 침묵하시는 이유는 무엇인
 가요?

_____

_____

_____

K2. 하나님을 믿는 성도가 담대히 나아가야 할 곳은 어디인가요?

_____

_____

S1. 신앙 생활을 하다가 어느 순간 하나님의 도움이 없다고 느끼거나
 혹은 하나님이 나를 사랑하지 않는다고 느낀 경험이 있다면 나누어
 봅시다.

_____

_____

_____

S2. 나의 환경과 상황과 시기에 딱 맞는 (때를 따라 돕는) 은혜를 얻은
 경험을 나누어 봅시다.

_____

_____

_____

생선 아카데미 / 인간론 ❿

하나님의 도움이 필요한 인간

2023년 8월 2일 초판 발행

지 은 이 | 박진석

펴 낸 이 | 김수홍
편   집 | 유동운, 정원희
디 자 인 | 사라박
펴 낸 곳 | 도서출판 하영인
등   록 | 제504-2023-000008호
주   소 | 포항시 북구 삼흥로411
전   화 | 054) 270-1018
블 로 그 | https://blog.naver.com/navhayoungin
이 메 일 | hayoungin814@gmail.com
인스타그램 | https://www.instagram.com/hayoungin7

ISBN 979-11-92254-10-4 (03230)
값 4,900원

※ 낙장 · 파본은 교환해 드립니다.

＊ 도서출판 하영인은 복음이 전해지지 않은 곳에 신앙에 유익한 도서를
  보급하는 데 앞장섭니다. 해외 문서 선교에 뜻이 있는 분들의 참여를
  기다립니다.
  후원 _ 국민은행 821701-01-597990 도서출판 하영인